MÉTHODE

DE

LECTURE

Par RICHARD,

INSTITUTEUR COMMUNAL, A LILLE,

POURVU DU CERTIFICAT D'APTITUDE AUX FONCTIONS D'INSPECTEUR PRIMAIRE.

> Faisons des livres appropriés à l'intelligence que possèdent les enfants et non à celle qu'on leur suppose.

2me ÉDITION.

Cette méthode a obtenu une mention honorable à l'exposition scolaire du Nord en 1868.

LILLE,

T-COURTECUISSE, BOULEVARD VALLON.

MÉTHODE

DE

LECTURE

Par RICHARD,

INSTITUTEUR COMMUNAL, A LILLE,

POURVU DU CERTIFICAT D'APTITUDE AUX FONCTIONS
D'INSPECTEUR PRIMAIRE.

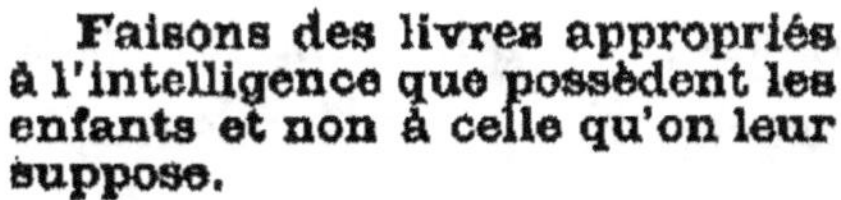

2me ÉDITION.

LILLE,

IMP. WILMOT-COURTECUISSE, BOULEVARD VALLON.

La 3me comprend les voyelles composées, les consonnes diphthongues bl, cl... et les consonnes composées ch, gn, ill... etc.

La 4me comprend les sons articulés, ou syllabes dites inverses.

Chaque leçon se compose, à partir de la 5me, de trois sortes d'exercices :

1o Des éléments syllabiques dont la connaissance est nécessaire et auxquels il faut recourir chaque fois qu'il y a hésitation dans la lecture.

2o De quatre lignes de mots qui sont l'application des éléments qui viennent d'être étudiés.

3o D'une série de petites phrases, intelligibles pour les enfants, et qui sont la récapitulation de tous les principes appris précédemment.

Cette simplicité dans la disposition, cette gradation dans la marche, cette variété dans les exercices conduisent naturellement et sans efforts les élèves à la lecture courante.

Les exceptions ayant le grave inconvénient de dérouter l'esprit des enfants et de ralentir leurs progrès, ont été écartées du syllabaire : elles trouvent leurs applications dans les lectures graduées.

Je n'entrerai pas dans les détails des procédés à suivre pour arriver à un bon résultat. Cependant, je ne crois pas inutile d'insister sur les suivants :

1o Commencer la leçon par quelques paroles amicales, afin d'éveiller la curiosité des enfants et de provoquer leur intérêt ;

2o Expliquer la leçon soit au tableau noir, soit sur l'un des tableaux qui font partie de la méthode.

3o Veiller dès le commencement, à ce que les enfants contractent l'habitude d'une prononciation exacte, claire. précise ;

4o Appeler leur attention sur la forme, le contour des lettres, faire remarquer leurs analogies et leur différence; ces rapprochements sont de la plus grande utilité pour les mieux graver dans la mémoire des enfants, les habituer à réfléchir, à comparer, et à avoir des idées nettes.

C'est ainsi que j'ai opposé d à l, b à d, etc.

5o Lorsque les enfants connaissent parfaitement les voyelles a, e, i. et la consonne *p* , afin de les habituer au mécanisme de la liaison $p\ a = pa$, $p\ e = pe$ $p\ i = pi$; leur adresser des questions analogues à celles-ci : en montrant la syllabe *pa* avec la baguette. Comment lisez-vous ces deux lettres *pa*? les élèves répondent *pa*. Pourquoi ? Parce qu'il y a *p* et *a*. Ou bien en renversant la question. Quelles lettres faut-il pour faire *pa*? Un *p* et un *a*.

Agir de même pour les autres leçons ; ainsi dans *laine*, *peine*, pourquoi *lai. pei*? Parce qu'il y a *l* et *ai*, *p* et *ei*. Que faut-il pour faire *feu, beau, tante...? f* et *eu*, *b* et *eau*, *t* et *an* etc.

6o Faire remarquer. ainsi que l'indique le quatrième tableau, qu'en plaçant *b.....* devant *la, ra, lé, ré, lan,*

ran, on a *bela.* = *bla, bera*, = *bra, belé* = *blé, beré*, =
bré, belan, = *blan, beran* = *bran*.....

7° Faire lire : ba-le, so-le, fi-le, nu-le, etc. en ap_
puyant très-faiblement sur la consonne finale.

Cela compris, et les éléments sus, les enfants peuvent
lire *sans épeler* les mots et les phrases qui servent
d'application et de récapitulation ;

8° Montrer les choses que les mots représentent, et,
quand on ne le peut, les faire connaître le plus exactement
possible.

La lecture ainsi enseignée n'est plus cette étude aride
qui rebute, c'est au contraire une source inépuisable de
moyens d'amuser, d'intéresser, d'instruire les enfants, de
développer leur intelligence, de former leur cœur.

La gloire d'auteur n'est pas ce que je recherche en
publiant ces ouvrages : ma seule ambition, c'est d'alléger
un peu la tâche si rude de ceux qui se vouent à l'en-
seignement de la première enfance, c'est de rendre plus
simple, plus facile, mieux graduée et par suite plus pratique
et plus attrayante, une étude qui a causé beaucoup d'ennui
et fait couler bien des larmes.

RICHARD.

Lille le 30 Décembre 1868.

1re PARTIE.

=

(Voyelles et Consonnes simples).

1e LEÇON.

a   e   i

p   pa   pe   pi

pa pa   pi pe   a pi

pi pa   pa pe   pi pe

2me LEÇON.

a   e   i   o

p   pa   pe   pi   po

pa pe   po pe   pi pa

pi pe   pa pa   a pi

3me LEÇON.

a   e   o   i   u

p   pa pe po pi pu

r   ra re ro ri ru

ra re	ri re	ra pe ra
pu re	po re	re pa ru
po ve	pa ri	pa ru re

4me LEÇON.

a o i u e é è

r ra ro ri ru re ré rè

m ma mo mi mu me mé mè

mè re	ma ri	a mè re
pè re	ri me	ré pa ré
é pi	ra me	pé ri ra

5me LEÇON.

a o i u e é è
l la lo li lu le lé lè
d da do di du de dé dè

la me	li re	pi lu le
da me	di re	dé mo li
mo de	li me	mo dè le
de mi	po li	pa ro le

a dè le li ra le mo dè le.
pa pa po li ra la la me
ma mè re a lu la mo ra le.
la pa ru re de la da me.
le pè re a la pa ro le ru de.
la ma la de a le dé li re.
la pi lu le a mè re du ma la de.

6ᵐᵉ LEÇON.

a o i u e é è ê

b ba bo bi bu be bé bè bê
d da do di du de dé dè dê

bo bo	bê lé	bi è re
di re	du re	do ru re
bi le	ro be	o bo le
de mi	bé bé	a bî me

ma ri a obé i ra à ma mè re.
bé bé a a bî mé le mo dè le.
pa pa a bu du ma dè re.
la da me a lu la pa ra bo le.
l'a ra be a bu de la bi è re.
la ro be à la mo de de bé bé.
a dè le a l'à me pu re.

7me LEÇON.

a   o   i   u   c   é   è   ê

ma mo mi mu me mé mè mê

na no ni nu ne né nè nê

â ne   u ni   do mi no
â me   a mi   bo bi ne
lu ne   dî né   pa na de
li me   re né   ra me né

re né a bu de la li mo na de.
é mi le a ra me né l'â ne.
a dé li ne dî ne ra à mi di.
ma ri ne li ra u ne pa ra bo le.
bé bé a u ne ro be à la mo de.
la lu mi è re de la lu ne.
ma mè re a bé ni a li ne.

8ᵐᵉ LEÇON

a   e   é   è   ê   o   i   u
f   fa fe fé fè fê fo fi fu
j   ja je jé jè jê jo ji ju

fe ra   fi le   fa ri ne
ju pe   jo li   jé rô me
fi ni   dé jà   fi dè le
fa né   fu me   ju ju be

fi dé li ne a fi ni   la   bo bi ne.
jé rô me a   fu mé   u ne   pi pe.
ma ri ne   a   dé jà u ne   ro be.
re né fe ra   la   ju ju be.
a li ne a   fi ni u ne   ju pe.
jé rô me   a mè ne   la   fa ri ne.
le   jo li   do mi no   de   fi dè le.

9ᵐᵉ LEÇON.

a   e   é   è   ê   o   i   u

l la le lé lè lê lo li lu

t ta te té tè tê to ti tu

ta pe	ti re	tu li pe
no te	fê te	na tu re
je té	dé jà	fi le ra
é té	fe ra	pi lo te.

a na to le   a   la   tê te   du re.

le   pi lo te   i ra   à   la   pa ra de.

ma ri ne   a   de   la   ti mi di té.

ju li a   i mi te ra   le   mo dè le.

jé rô me   li ra   u ne   mi nu te.

a dé li ne   fe ra   u ne   pe lo te.

re né   fe ra   la   fè te   de   pa pa.

10me LEÇON.

a e é è ê o u i y
s sa se sé sè sê so su si sy
t ta te té tè tê to tu ti ty

sa li	si te	sa la de
ju re	fè te	so li de
so fa	se mé	sè me ra
jo ly	re my	ju ju be

re my a sa li sa ro be.
le jo li si te de la na tu re.
ta mè re a sa lé la sa la de.
le pi lo te a u ne ra me so li de.
jo ly a te nu sa pa ro le.
ta mè re fi le ra sa me di.
sa fi dé li té a é té ra re.

11me LEÇON.

a e é è ê o u i y
v va ve vé vè vê vo vu vi vy
z za ze zé zè zê zo zu zi zy

vi te   a va re   vo lu me
zè le   zé li a   la za re
zô ne   vé ri té   sa li ve
ra ve   to pa ze   a ma zo ne

zo é a tu é u ne vi pè re.
le zè le de la za re se ra bé ni.
jo ly a se mé u ne fê ve.
l'a mi fi dè le di ra la vé ri té.
l'é lè ve tê tu se ra pu ni.
zé li a dé vi de ra sa bo bi ne.
ta mè re a la vé la sa la de.

12ᵐᵉ LEÇON.

a   u   o

s   sa   su   so
c   ca   cu   co

ca ve	cu ré	co lè re
sè ve	su re	sa li ve
cu ve	so fa	é cu me
ca fé	cu be	é co le

ca ro li ne é vi te la co lè re.
ré my a é té re te nu à l'é co le.
ré né a bu du ca fé à mi di.
le ca ma ra de a é té u ti le.
jo ly a u ne ca po te ri di cu le.
jé rô me a vi dé la ca ve.
a li ne a dé mo li sa ca ba ne.

13ᵐᵉ LEÇON.

a   u   o

j   ja   ju   jo
g   ga   gu   go

ga re   go be   fi gu re
jo li   ca fé   ga lè re
ju ré   ti ra   ga lo pe
ca ve   fi lé   lé gu me

jo ly a go bé u ne pi lu le.
la mu le du cu ré ga lo pe.
va lé ry a la vé sa fi gu re.
re né i ra sa me di à la ga re.
jé rô me a vi dé la ca ra fe.
ré my m'a je té u ne a ga te.
ca ro li ne a é ga ré ma ca po te.

14ᵐᵉ LEÇON.

a e é è ê i o u y
k ka ke ké kè kê ki ko ku ky
x xa xe xé xè xê xi xo xu xy
h ha he hé hè hê hi ho hu hy

ki lo   ta xé   hé ri té
ké pi   lu xe   ho no re

a b c d e f g h i j k
A B C D E F G H I J K
l m n o p q r s t u
L M N O P Q R S T U
v w x y z
V W X Y Z

| ce | cé | ci | ça | çu | ço |
| ge | gé | gi | gea | geu | geo |

Lecture.

L'a mi fi dè le se ra bé ni.

La za re obé ira à sa mère.

La co lè re a é ga ré A na to le.

Va lé ry a dé mo li sa ca ba ne.

L'é lè ve tê tu se ra pu ni.

Re my a u ne ca po te ri di cu le.

Le pi lo te a ra me né le na vi re.

A dè le i mi te ra sa mè re.

Jé rô me i ra à la ga re sa me di.

Ho no ré di ra la vé ri té.

Va lé ry a sa lu é le cu ré.

Zé li a a tu é u ne vi pè re.

E mi le a te nu sa pa ro le.

A li ne li ra u ne pa ra bo le.

A dè le se ra é co no me.

Ho no ri ne é vi te le lu xe.

2ᵐᵉ PARTIE.

(Sons composés et consonnes simples).

1ʳᵉ LEÇON.

ai = ei = è

lai ne	rei ne	se mai ne
ai le	vei ne	ba lei ne
fai re	pei ne	sa lai re
ba lai	sei ze	ha lei ne

Ca ro li ne a u ne ro be de lai ne
J'ai le sa lai re de ma se mai ne.
Le re mè de a é té sa lu tai re.
Ma de lei ne a sa lu é la rei ne.
Re né a u ne vi lai ne ca po te.
A li ne a de la peine à li re.
Re my a vu u ne ba lei ne.

2ᵐᵉ LEÇON.

’eu = e

feu	neu ve	meu le
jeu	veu ve	de meu re
peu	seu le	dé jeu né
aveu	ne veu	neu vai ne

La jeu ne veu ve a de la pei ne.
Ma de lei ne a u ne ro be neu ve.
Le vi cai re fe ra la neu vai ne.
Dieu bé ni ra ta pi é té.
Le mi li eu du jeu a é té sa li.
L’a veu de zo é a é té sa lu tai re.
Le pi eu a é té je té de cô té.
Ho no ri ne a dé jeu né seu le.
J’i rai jeu di à la fê te de Lo dy.

3me LEÇON.

au = eau = o

fau te	**peau**	**é pau le**
sau té	**veau**	**ra meau**
tau pe	**ri deau**	**bau me**
gau le	**ba teau**	**ca veau**

je fe rai l'a veu de ma fau te.
Pau li ne a ti ré le ri deau.
je fe rai l'au mô ne à Ma de lei ne
le tau reau à bu de l'eau.
Re né a je té le ra meau au feu.
le bau me a été sa lu tai re.
le vi cai re i ra au sé mi nai re.
Ho no ré a ré pa ré sa fau te
Hi lai re a é té au ca veau.

4me LEÇON.

ou

pou	sou pe	fou le
sou	fi lou	cou pe
cou	rou te	bou le
fou	bi jou	jou jou

J'ai jou é à la bou le jeu di.
Le fi lou a vo lé u ne pou le.
La fou le a é cou té le mai re.
Ma de lei ne a é ga ré le bi jou.
J'au rai de la sou pe à mi di.
Pau li ne a ôté le pi eu de la rou te
Ma ri a m'a je té u ne bou le.
La rou te a é té vi te fai te.
É cou te la pa ro le de Dieu.

Prononcer ou en une seule émission de voix ; voir la préface:

5ᵐᵉ LEÇON.

an = am

ban de	ram pe	de man de
tan te	lam pe	am pou le
san té	jam be	vam pi re
fan fan	cam pé	man teau

Ma man fe ra du gâ teau à sa fê te.
Ma tan te a do ré u ne lam pe.
Fan fan a fi ni la ram pe.
J'ai de man dé du ru ban jau ne.
Zo é a tu é u ne bê te ram pan te
J'ai bu à la san té de la rei ne.
Ma de lei ne a é ga ré le man teau
Ho no ré a de man dé la vi an de.
Jo ly a é té cou pé à la jam be.

6ᵐᵉ LEÇON.

en = em

fen te   tem pe   pen du le
ven du   em pi re   dé fen se
sen sé   bem bo   tem pê te
len te   em pa ré   em bau mé

Ma tan te a fen du u ne sou cou pe.
Pa pa a ven du u ne pen du le.
J'obé i rai à la dé fen se de ma man
Ca ro li ne a ren du la lam pe.
La tem pê te a sou le vé le bâ teau
Hen ri a jou é à l'é co le.
Ho no ré a la pa ro le len te.
É vi te u ne dé pen se i nu ti le.
Dieu a en ten du ta de man de

7ᵐᵉ LEÇON.

in = im

vin	lim be	bam bin
lin	nim be	mou lin
la pin	im po li	im pu re
ma rin	lim pi de	tim ba le

J'i rai à la fi la tu re de lin.
Ma de lei ne a bu du vin nou veau.
An to nin a cou pé le sa pin.
La fau te de Lu bin a é té im pu nie
L'eau du fos sé cou le lim pi de.
Pau lin a é tu di é le la tin.
Lu bin a ca ssé sa tim ba le.
Va len tin a é té au mou lin.
Le bam bin a é té im po li.

8me LEÇON.

ain = aim = ein

pain	faim	daim
main	daim	se rein
re gain	é taim [1]	faim
dé dain	fein te	pein tu re

J'ai une am pou le à la main.
Pau lin i ra de main à l'é co le.
Le pou lain a é té ven du sa me di
Pa pa cou pe ra le re gain jeu di.
Ro main a fi ni sa pein tu re.
Le dé dain de ta mè re me pei ne.
J'ai u ne faim ca ni ne.
Pa pa a tu é le daim du mai re.
Re né a jou é du tam bou rin.

---

(1) l'artie la plus fine de la laine cardée.

9me LEÇON.

on   om

mon de   pom pe   co lom be
bon bon   tom be   a mi don
bou ton   rom pu   com pè re
men ton   bom be   fon tai ne

Ma tan te a u ne pe ti te co lom be.
Pau lin a ven du son mou ton.
Va len tin a pom pé de l'eau.
Je re mon te rai ta pen du le.
Zo é a la vé le sa lon de pa pa.
Mon jam bon a é té bon.
Ro main a sa lu é le com te.
Dieu ré com pen se ra ta pi é té.
Ho no re ton pè re, ta mè re.

10me LEÇON.

un

lun di	**au cun**	**dé fun te**
me lun	**a lun**	**fon tai ne**
au tun	**ga zon**	**tom be ra**
fa lun	**bou ton**	**lim pi de**

Au cun mou ton n'a é té ton du.
Ma tan te a ven du de l'a lun.
J'i rai lun di à la fê te d'Au tun.
Jo ly con dui ra un tom be reau.
La lou ve à dé vo ré un mou ton.
Re my i ra jeu di à Me lun.
Ma tan te a tu é un la pin.
Ro main a sou pé d'un me lon.
Ho no ré a fon du de l'a lun.

11me LEÇON.

er = ez = é

jou er   nez   dé jeu ner
nou er   jou ez   sou li er
dî ner   sau tez ai me rez
sou per ren dez sa li rez

J'ai bu un ver re d'eau.
Vous de vez fai re la sou pe.
Vous de vez é tu di er à l'é co le.
Pau lin a un bou ton au nez.
Ca ro li ne m'a je té u ne pi er re·
É cou tez la pa ro le de Dieu.
Hen ri ai me à jou er, à ri re.
Mon a mi, ai mez le bon, le beau
Vous de vez é vi ter le lu xe.

12me LEÇON.

et = es = est = è

fou et	les	ca bi net
jou et	tes	fi nes se
va let	ses	ca ba ret
bau det	des	pa res se

Mon a mi, é vi tez la pa res se.
Hi lai re a cou ru à la fo rêt.
J'i rai de main à la mes se de mi di.
Fi dè le a la vé son ca bi net.
Hen ri et te a ren du le fou et.
Vous de vez li re et é tu di er
Re my a bu du vin au ca ba ret.
Ren dez le fi let au jeu ne Lu bin.
La mè re ca res se son en fant.

13ᵐᵉ LEÇON.

oi = o a

foi re   **boi re**   **voi tu re**
poi re   **voi le**   **é toi le**
toi le   **noi re**   **i voi re**
Loi re   **moi ne**   **toi tu re**

Pau li ne a u ne ro be noi re.
L'é toi le du ma tin a re pa ru.
J'i rai à la foi re de main.
Lu bin a tu é un moi neau.
Ro main con dui ra la voi tu re.
Jé rô me a goû té u ne poi re.
Pau lin a u ne bou le d'i voi re.
Ma tan te se ra con ten te de toi.
J'ai un beau cou pon de toi le.

14ᵐᵉ LEÇON.

oin   ien

loin	**rien**	**té moin**
foin	**bien**	**vau rien**
soin	**mien**	**sain foin**
poin te	**sou tien**	**loin tain**

Ju lien se ra mon sou tien.
Mon cou teau a u ne fi ne poin te.
Ta mè re a bien soin de toi.
Pau li ne a la vé sa fi gu re.
Au ré li en a cou pé le sain foin.
Pa pa fu me au coin du feu.
Ju lien a é té bien loin.
É vi te, mon a mi, le vau rien.
Le té moin di ra la vé ri té.

15ᵐᵉ LEÇON.

ie = i   ée = é   u = ue

| jo li | do ré | ren du |
| jo lie | do rée | ren due |

a = as   at = ats | o = os = ot = ots

| pa pa | rat | zé ro | sa bot |
| pa pas | rats | zé ros | sa bots |

ai = ais = ait = aits = aid = aids

| ba lai | sou hait | laid |
| ba lais | sou haits | laids |

on = ons = ont = onts = ond = onds

| bou ton | pont | fond |
| bou tons | ponts | fonds |

Faire remarquer, au tableau noir, que les lettres e, s, t, ts, d, ds, sont nulles lorsqu'elles terminent les sons.

3ᵐᵉ PARTIE. — 1ʳᵉ LEÇON.

b-l   **c-l**

b.lé	c.lé	fa b.le
b.leu	c.lou	c.lai re.
b.lâ me	on c.le	ta b.leau
b.lon de	c.lau de	b.lai reau

N'ou bli ez ja mais un bien fait.

Pa pa a tu é un beau blai reau.

J'ai bu de l'eau bien clai re.

Lu bin a ven du u ne ro be bleue.

Vos en fants ont clou é le ta bleau.

Clau de a é tu di é u ne fa ble.

Pau lin a é té re te nu en cla sse

Mon oncle a blâmé Claire.

Blondine obéit bien à ses parents.

Faire lire : belé, belonde.... Voir la préface. Afin
d'amener les élèves à la lecture courante, les deux dernières
lignes de chaque leçon de la 3ᵐᵉ et de la 4ᵐᵉ partie ne
sont plus divisées par syllabes.

2ᵐᵉ LEÇON.

f-l	g-l	p-l
f·lo re	g·la ce	p·la ce
f·lai ré	g·lai ve	p·lan te
f·leu ve	g·loi re	p·lain te
f·lam beau	g·lan de	emp·loi

Flo re m'a sou hai té la fê te.
Le fla con est tom bé de ma main.
Ton flam beau é clai re bien.
La plai ne est rem plie d'eau.
Re my a dé plan té un poi rier.
Le fleu ve a i nondé la plai ne.
Clai re a un em ploi nou veau.
Romain a pleuré ce matin.
Dieu entend la plainte de la veuve.

Faire remarquer que *c* = *s* devant *e*, *é*, *i*.

3me LEÇON.

b·r   **c·r**   **f·r**

b·ra ve	c·rê me	f·rein
b·ri de	c·roi re	f·rè re
b·rai re	c·rainte	f·ri pon
b·ron ze	c·ram pe	f·roi de

Le ju ge a pu ni le fri pon.
Su cre ta crê me et ton ca fé.
La frau de est dé fen due.
J'ai bu de l'eau bien froi de.
La fri vo li té de Clai re me dé plaît
Re né a man gé u ne croû te.
Ta crain te n'est pas fon dée.
Romain a vendu du crin.
Le brave combat sans crainte.

Faire remarquer que *g* = *j* devant *e*, *é*, *i*.

4ᵐᵉ LEÇON.

gr-	**p-r**	**d-r**
g.ra ve	p.ru ne	d.ra gon
g.rai ne	p.reu ve	d.roi te
g.rou pe	p.rin ce	d.rai né
g.ran de	p.rou ver	ca d.ran

La prai rie a é té bien drai née.
Jé rô me est un en fant pro pre.
Le ca dran de la pen du le est do ré.
J'ai é té brû lé à la jam be droi te.
Ta pro bi té se ra ré com pen sée.
Mon on cle a u ne gra ve ma la die.
Le prin ce a dé co ré un ca pi tai ne
Lubin deviendra un bon peintre.
Dieu prend soin de sa créature.

5ᵐᵉ LEÇON.

t-r   **v-r**

t.rô ne	v.rai	li vre ra
t.ra ce	lè v.re	tri bu ne
t.rou pe	li v.ré	é tran glé
t.rom pé	ou v.ra	cou vri ra

Vo tre gran ge est rem plie de blé.
Pau lin a a bî mé son li vre.
Mon en fant, ou vrez la fe nê tre
Le trou peau boi ra à la fon tai ne.
La trou pe a été en pro me na de.
Re my a tu é u ne cou leu vre.
Lu bin a ven du un jo li li è vre.
Votre frère a monté à la tribune
Ne trompons pas notre prochain.

6ᵐᵉ LEÇON.

ch   gn

cho pe	vi gne	cha lou pe
chu te	-pei gne	mon ta gne
chau de	bai gné	cha tai gne
chan ter	a gneau	cam pa gne

J'ai a che té u ne mê che de lam pe.

Fan chon a fi ni sa tâ che.

Le mai re a é té à sa cam pa gne

Un bon com pa gnon est u ti le.

La tem pê te a dé ra ci né un chê ne

Soi gne bien tes vieux pa rents.

Ca ro li ne s'est bien pei gnée.

J'i raï me bai gner jeudi matin.

La fauvette chante bien.

7.me LEÇON.

qu = c   ph = f   gu – g

qu ai	pha re	gu i de
qu a tre	pho que	gu ê pe
pi qu et	pha é ton	ba gue
qui que	phy si que	di gue

Vo tre quin quet é clai re bien.
U ne lon gue rou te en nuie.
U ne mou che a pi qué la va che.
J'ai me la lan gue de veau.
Co ro li ne a tu é u ne vi pè re.
Ré my a jou é de la gui ta re.
Phi lo mè ne a sa lu é le cu ré.
Le phare éclaire de loin.
Mon gui de m'a sau vé la vie.

8ᵐᵉ LEÇON.

ill = ille = ie [1]

ca ille	fille	ba ta ille
pa ille	bille	fa mille
feu ille	qu ille	ca na ille
bou illi	brille	dé pou illé

Ta fille a trouvé une bille.
Papa a acheté de la paille.
Nous irons travailler à la vigne,
La bataille a été vite gagnée
Le vigneron a taillé sa vigne.
Le feu a jailli du caillou.
Votre aiguille m'a piqué.
Le lapin mange la feuille du chou.
Le pinson chante dans le feuillage.

_ou ye._

4ᵐᵉ PARTIE. — 1ʳᵉ LEÇON.

a·l   o·l   i·l   u·l
ba·l   so·l   fi·l   nu·l
ma·l   bo·l   ci·l   pu·l pe
ca na·l co·lza   mi·l   cu·l te
che va·l vo·l can ci vi·l con su·l

Le ca nal est rem pli d'eau.
Nous boi rons un bol de vin chaud
J'ai trou vé un pe lo ton de fil.
La ré col te a é té mal soi gnée.
Nous plan te rons le col za lundi.
J'ai ven du mon vi eux til bu ry.
Ro main a fait la cul bu te.
Papa achètera un nouveau cheval.
Évite le mal, et fais le bien.

Faire lire : ba le, so le.... Voir la préface.

2ᵐᵉ LEÇON.

a-r	o-r	i-r	u-r
cha-r	co-r	ti-r	du-r
ta-r te	po-r te	fi-ni-r	pu-r
ba-r be	bo-r ne	po li-r	mu-r
ca-r ton	fo-r ce	fi-r min	a zur

Fir min a fen du un ar bre.
Nous ne de vons ja mais men tir.
Vo tre chè vre a rom pu sa cor de
J'ai man gé du pain bien dur.
Vo tre vi lain chien m'a mor du.
Nous de vons o bé ir aux lois.
Nous de vons ché rir nos pa rents.
Le mur sera bientôt achevé.
Dieu entend la plainte de l'orphelin

3ᵐᵉ LEÇON.

a-c   o-c   i-c   u-c

sa.c   so.c   pi.c   du.c

la.c   ro.c   ti.c   Lu.c

ba.c   cho.c   pu bli.c su.c

a.c te   o.c ta ve V.ic tor ca du.c

Oc ta ve a ga gné la ba ta ille.
Ro main a un vi lain ca rac tè re.
A vez-vous la vé le bac du che val?
Luc a a che té du vin de Mé doc.
Ton frè re Oc ta ve a por té le pic.
Le soc de la cha rrue est ca ssé.
Le duc est à sa cam pa gne.
Ludovic a porté un sac de blé,
au moulin de son oncle.

4me LEÇON.

ou-r   eu-r   oi-r   ai-r
jou.r   p.eur   soi.r   l'ai.r
cou.r   fleu.r   noi.r   chair
fou.r   o deu.r   ti roi.r   clai.r
bou.r se   va leu.r   valoi.r   flai.r

J'ai me à voir naî tre le jour.
Mon frè re a fi ni son de voir.
J'ai trou vé u ne bour se sur la rue
Un vo leur a pris mon mou choir.
Vo tre cour est rem plie de pa ille.
Ou vrez le ti roir de l'ar moi re.
Pri ez Dieu soir et ma tin.
J'aime à voir un beau clair de lune
L'éclair brille dans la nue.

5me LEÇON

ail	eil=eille	euil
a·ie	ei-ie	eu-ie
b·ail	ré v·eil	s·euil
l'ail	ré veille	d·euil
dé tail	vi eil	fau teuil
por tail	vi eille	é cu reuil

Le chasseur se réveille matin.

Ton frère manque de travail.

J'ai une corbeille de fleurs.

Écoute le conseil d'un vieillard.

J'ai vendu une bouteille de vin.

Ouvrez le soupirail de la cave.

Le garde a tué un écureuil.

Ton détail marche très bien.

Romain porte le deuil de sa mère.

6ᵐᵉ LEÇON.

ec	el	ef
è-ke	è-le	è-fe
s.ec	s.el	n.ef
b.ec	ci.el	ch.ef
a.vec	au t.el	reli.ef
é che c	mi. el	ef. fa cé

Le ca nal se ra bien tôt à sec.
La nou vel le ta xe est bien fon dée
Le gé né ral par ti ra de main
Nous fe rons la lec tu re en sem ble
Re gar dez le ciel vo tre pa trie.
La nef est ten due de deuil.
J'ai ef fa cé vo tre nom du ta bleau.
Mon frè re a u ne bel le bour se.
J'irai prier devant le grand autel.

Lecture.

PAULINE.

Pauline est une petite fille bien propre et bien sage; ses vêtements ne sont jamais tachés, ses cheveux sont toujours bien peignés, sa figure, ses mains bien lavées. Elle met chaque objet à place; matin et soir, elle prie le bon Dieu; elle étudie ses leçons avec ardeur, fait ses devoirs avec soin et courage; elle obéit avec joie à son père, à sa mère. Tout le monde l'aime, l'admire : imitez Pauline, mes amis, et vous ferez le bonheur de vos parents.

Dieu nous voit.

Dieu nous voit, car il est partout; il est dans le ciel, il est sur la terre; il est avec nous, dans nous, autour de nous, à côté de nous.

Noublie jamais que Dieu te voit mon ami, quand tu fais le mal; il te voit quand tu fais le bien. Le méchant se cache pour faire le mal, mais où ira-t-il pour éviter les regards de Dieu? car la nuit la plus sombre ne saurait nous cacher à ses yeux. Enfant, quand tu seras sur le point de faire le mal, dis: Dieu me voit, et tu ne pécheras pas.

Prière à l'Ange Gardien.

Veillez sur moi quand je m'éveille,
Bon ange, puisque Dieu l'a dit :
Et chaque nuit, quand je sommeille,
Penchez-vous sur mon petit lit.
Ayez pitié de ma faiblesse,
A mes côtés, marchez sans cesse,
Parlez-moi le long du chemin ;
Et, pendant que je vous écoute,
De peur que je ne tombe en route,
Bon ange, donnez-moi la main.

a b c d e f g h i j

a b c d e f g h i j

k l m n o p q r

k l m n o p q r

s t u v w x y z

s t u v w x y z

A B C D E F G H I J

A B C D E F G H I J

K L M N O P Q R

K L M N O P Q R

S T U V W X Y Z

S T U V W X Y Z

Honore ton père et ta mère
et Dieu te bénira.